MUSÉE PÉDAGOGIQUE

ET

BIBLIOTHÈQUE CENTRALE DE L'ENSEIGNEMENT PRIMAIRE.

MÉMOIRES

ET

DOCUMENTS SCOLAIRES

PUBLIÉS PAR LE MUSÉE PÉDAGOGIQUE.

Fascicule n° 22.

CATALOGUE

DES

BIBLIOTHÈQUES PÉDAGOGIQUES.

PARIS.

IMPRIMERIE NATIONALE.

HACHETTE ET Cⁱᵉ,
ÉDITEURS,
Boulevard Saint-Germain, n° 79.

ALPHONSE PICARD,
ÉDITEUR,
Rue Bonaparte, n° 82.

CH. DELAGRAVE,
ÉDITEUR,
Rue Soufflot, n° 15.

DELALAIN FRÈRES,
ÉDITEURS,
Rue des Écoles, n° 56.

1888.

MÉMOIRES ET DOCUMENTS SCOLAIRES

PUBLIÉS PAR LE MUSÉE PÉDAGOGIQUE.

Sous le titre de **Mémoires et documents scolaires**, le Musée pédagogique publie, à intervalles irréguliers, des travaux ou documents intéressant l'instruction publique à ses divers degrés. Les fascicules suivants ont déjà paru et sont en vente, à Paris : aux bureaux de la *Revue pédagogique*, librairie Ch. Delagrave, rue Soufflot, n° 15; à la librairie Hachette, boulevard Saint-Germain, n° 79; chez Alphonse Picard, libraire, rue Bonaparte, n° 82, et à la librairie Delalain frères, rue des Écoles, n° 56.

Fasc. n° 1. — Le projet de loi sur l'organisation de l'enseignement primaire (1882-1884). Recueil de documents parlementaires relatifs à la discussion de cette loi à la Chambre des députés. Un fort volume in-8° de XII-832 pages. Prix... 6 fr.

Fasc. n° 2. — Une acquisition de la bibliothèque du Musée pédagogique : *Dialogus Jacobi Fabri Stapulensis in phisicam introductionem. Introductio in phisicam Aristotelis;* in-4°, imprimé en 1510 par Jean Haller, à Cracovie. Étude bibliographique et pédagogique, par L. Massebieau. Une brochure in-8° de 19 pages. Prix... 50 c.

Fasc. n° 3. — Répertoire des ouvrages pédagogiques du XVI° siècle (*Bibliothèques de Paris et des départements*). Un volume in-8° de 800 pages. Prix... 6 fr.

Fasc. n° 4. — L'enseignement expérimental des sciences à l'école normale et à l'école primaire, par René Leblanc. Une brochure in-8°. Prix... 80 c.

Fasc. n° 5. — Compte rendu officiel du Congrès international d'instituteurs et d'institutrices, tenu au Havre du 6 au 10 septembre 1885. Un volume in-8° de IV-211 pages. Prix.................... 2 fr.

Fasc. n° 6. — Règlements et programmes d'études des écoles normales d'instituteurs et des écoles normales d'institutrices. Un volume in-8° de 125 pages. Prix................................. 1ᶠ 25ᶜ.

Fasc. n° 7. — Schola aquitanica : *Programme d'études du collège de Guyenne au XVI° siècle*, réimprimé avec une préface, une traduction française et des notes, par L. Massebieau. Un volume in-8° de 77 pages. Prix... 1ᶠ 80ᶜ.

Fasc. n° 8. — Instruction spéciale sur l'enseignement du travail manuel dans les écoles normales d'instituteurs et les écoles primaires élémentaires et supérieures. Un volume in-8° de 79 pages. Prix. 70 c.

Fasc. n° 9. — Projet d'instruction pour l'installation d'écoles enfantines modèles. Un volume in-8° de 24 pages. Prix... 50 c.

Fasc. n° 10. — Le projet de loi sur l'organisation de l'enseignement primaire (1886). Recueil de documents parlementaires relatifs à la discussion de cette loi au Sénat (1ʳᵉ *délibération*). Un fort volume in-8° de 586 pages. Prix... 3 fr.

Fasc. n° 11. — Le projet de loi sur l'organisation de l'enseignement primaire (1886). Recueil de documents parlementaires relatifs à la discussion de cette loi au Sénat (2° *délibération*). Un volume in-8° de 391 pages. Prix... 2 fr.

Fasc. n° 12. — La philosophie et l'éducation; Descartes et le XVIII° siècle, par Georges Lyon. Une brochure in-8° de 62 pages. Prix... 80 c.

Fasc. n° 13. — Conférence sur l'histoire de l'art et de l'ornement, par Edmond Guillaume. Une brochure de 135 pages. Prix.. 3 fr.

Fasc. n° 14. — Les écoles industrielles à l'étranger, d'après les rapports de MM. Salicis et Jost. Une brochure in-8° de 104 pages. Prix.. 1 fr.

Fasc. n° 15. — Les boursiers de l'enseignement primaire à l'étranger. Une brochure in-8° de 72 pages. Prix... 50 c.

Fasc. n° 16. — Écoles d'enseignement primaire supérieur. Historique et législation. Une brochure in-8° de 79 pages. Prix.. 50 c.

Fasc. n° 17. — L'instruction publique à l'exposition universelle de la Nouvelle-Orléans, par B. Buisson. Un volume in-8° de 295 pages. Prix.. 3 fr.

CATALOGUE

DES

BIBLIOTHÈQUES PÉDAGOGIQUES.

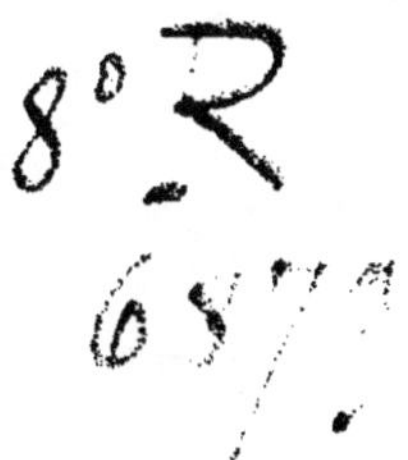

MINISTÈRE

DE

L'INSTRUCTION PUBLIQUE ET DES BEAUX-ARTS.

CATALOGUE

DES

BIBLIOTHÈQUES PÉDAGOGIQUES.

PARIS.

IMPRIMERIE NATIONALE.

M DCCC LXXXVIII.

NOTE PRÉLIMINAIRE.

Une Commission a été instituée le 15 mai 1879 pour présenter à l'Administration la liste des livres qui méritent d'être admis dans les bibliothèques pédagogiques. Sur ses propositions, un catalogue a été publié en 1880, afin d'éclairer les maîtres encore peu versés dans la science pédagogique sur les ouvrages qu'ils devraient lire de préférence, sans vouloir limiter le choix des fondateurs et conservateurs de bibliothèques pédagogiques, pas plus que celui des instituteurs et des institutrices. La liste devait rester ouverte. Il y a lieu de la compléter aujourd'hui, ou plutôt d'en faire une nouvelle, où seront réunis les ouvrages déjà signalés au public et ceux qui, publiés et examinés depuis 1880, ont des titres sérieux et sérieusement pesés pour s'y ajouter.

Le nouveau catalogue s'inspire de l'esprit de l'ancien et conserve ses grandes divisions, mais il est beaucoup plus étendu. Il ne comprend pas moins de 343 ouvrages ou documents au lieu de 129, ce qui s'explique par le développement si remarquable qu'a pris la pédagogie dans ces dernières années. De plus, par la variété des livres inscrits sur la liste, la Commission a voulu répondre à la diversité des matières enseignées et des aptitudes ou des besoins du corps enseignant. Toutefois elle s'est renfermée dans les limites qu'elle s'était tracées; aussi a-t-elle écarté les œuvres de pure science ou de pure littérature, même lorsqu'elles ont leur place toute marquée dans la bibliothèque de l'école normale ou dans celle, plus restreinte, de l'école primaire. Il ne s'agit donc ici que des livres qui peuvent servir le plus utilement de guide ou de stimulant dans l'étude des questions d'instruction et d'éducation, c'est-à-dire de pédagogie proprement dite.

Quoique ce catalogue ait été fait dans un grand esprit de largeur, un assez grand nombre d'ouvrages ont dû être écartés, non pas toujours qu'ils manquassent de valeur, mais parce qu'ils ne répondaient pas assez au but qu'on se propose d'atteindre. Du reste, la non-insertion d'un ouvrage n'est ni une censure ni une opposition à son introduction dans une bibliothèque pédagogique, et, d'autre part, l'insertion n'a ni ne veut avoir le caractère d'une approbation officielle. Il y aurait bien des réserves à faire, en effet, sur les théories émises et les méthodes préconisées par un certain nombre d'auteurs, souvent illustres, dont les témérités dangereuses, mais qu'il est bon de connaître, quand ce ne serait que pour les combattre, ouvrent une large carrière à la critique. Les instituteurs, de mieux en mieux formés, sauront faire de mieux en mieux la part de la réalité et celle de la chimère.

L'important, c'est qu'un livre les fasse penser, et à ce seul titre il mérite d'être inscrit. C'est pourquoi il n'a pas paru utile de trop limiter le champ de leurs lectures; c'est pourquoi également on s'est abstenu de recommander plus particulièrement tels ou tels auteurs, ce qui aurait créé une liste étroite au sein de la liste large, œuvre des plus délicates, qui aurait engagé outre mesure et sans profit la responsabilité de l'Administration, et qui, jusqu'à un certain point, aurait pu paraître entraver la liberté des maîtres. Il suffit que le catalogue n'ait été ouvert, après un mûr examen, qu'aux publications où l'on trouvera des directions sûres, ou tout au moins des suggestions fécondes, capables de susciter de nouvelles recherches et de provoquer de nouvelles découvertes dans l'art d'élever les cœurs et les esprits et de tremper les caractères, pour le plus grand honneur des familles et le plus grand bien du pays.

En résumé, on n'exclut ou n'impose aucun écrivain de parti pris, mais on croit rendre service aux instituteurs, et, d'une manière plus générale, à tous ceux qu'intéressent les problèmes d'instruction populaire, en appelant leur attention sur les ouvrages les plus propres à développer leurs aptitudes pédagogiques et leur sens critique.

Aux trois grandes divisions du premier catalogue : 1° doctrine et histoire ou éducation générale; 2° pédagogie pratique; 3° ouvrages à consulter, on a cru devoir ajouter une section nouvelle, celle des mémoires et documents scolaires publiés par le Musée pédagogique : les livraisons mensuelles de la *Revue pédagogique* viennent naturellement s'y ajouter. Les mémoires qui ont déjà paru forment dès maintenant une collection précieuse; il convenait de les réunir à cause de leur communauté d'origine et de but, et d'en faire un groupe à part, malgré la diversité des sujets traités.

Pour le classement des auteurs dans les trois premières divisions, on a renoncé à la suite chronologique des premières éditions de chaque ouvrage; on a adopté l'ordre alphabétique, plus simple et plus clair, en indiquant seulement la date de la dernière édition de chaque publication. Les mémoires de la 4° section sont rangés d'après leur numéro d'ordre, disposition qu'imposait le caractère en général impersonnel de ces documents.

Nous savons que les instituteurs se sont mis résolument à l'œuvre, comme l'atteste le développement des bibliothèques cantonales. L'Administration encouragera de tout son pouvoir leurs études pédagogiques, et, dans la mesure des crédits dont elle dispose, elle répondra aux demandes de concession de

livres qui lui seront adressées, en laissant aux intéressés eux-
mêmes le soin de faire leurs libres choix, non seulement dans
le présent catalogue, mais encore dans ceux que l'Administration a déjà publiés. La Commission, en effet, a sagement
décidé que, s'il y avait lieu de conserver au catalogue des
bibliothèques pédagogiques son caractère spécial, on devait
aussi autoriser les instituteurs à puiser également dans les
catalogues des bibliothèques scolaires et des écoles normales
pour l'achat des livres à placer dans leurs bibliothèques pédagogiques. Cette autorisation leur est accordée. Ils ont donc
pleine et entière liberté : il leur appartient d'en user pour le
plus grand profit de leurs études personnelles et le plus rapide
progrès possible de l'instruction primaire.

L'ancien catalogue était précédé de la « Note préliminaire » suivante
qu'il est utile de reproduire.

NOTE PRÉLIMINAIRE[*].

Le but de l'Administration, en publiant ce catalogue, n'est pas de limiter le choix des fondateurs et conservateurs de bibliothèques pédagogiques, ni celui des instituteurs et des institutrices.

Elle a voulu seulement guider les uns et les autres et surtout éclairer les maîtres qui seraient encore peu versés dans la science pédagogique et dans son histoire, sur les ouvrages qu'ils devraient lire de préférence.

C'est donc seulement une liste des ouvrages qui lui paraissent mériter l'attention du public.

Cette liste, d'ailleurs, n'est pas définitivement close, l'Administration se propose, au contraire, d'y ajouter de temps en temps, soit des livres anciens qui auraient été oubliés, soit les ouvrages nouveaux qui viendront à paraître et qui seront dignes de figurer dans les bibliothèques pédagogiques.

Elle se propose, en outre, d'ajouter aux traductions de livres étrangers, comprises dans ce catalogue, les traductions d'autres ouvrages qui seraient publiés à l'avenir; elle a même, ainsi que l'a fait connaître la circulaire du 4 novembre 1879, l'intention de faire traduire les bons ouvrages étrangers sur l'éducation et l'enseignement, qui ne le sont pas encore, ou qui paraîtront ultérieurement.

(*) Note préliminaire du catalogue des ouvrages indiqués au choix des instituteurs pour les bibliothèques pédagogiques, publié en 1880 par le Ministère de l'Instruction publique.

Pour mieux guider les fondateurs ou directeurs de bibliothèques, ainsi que les maîtres et maîtresses, le présent catalogue a été divisé en trois parties :

1° *Livres de doctrine*, où la science pédagogique est considérée dans ses principes essentiels, en prenant pour base l'homme et sa nature, et où l'éducation est exposée dans son ensemble et ses généralités. Ce sont essentiellement les livres d'un intérêt permanent à lire et à méditer. Tels sont les ouvrages de Fénelon, Rollin, Rousseau, Mme Necker de Saussure, Niemeyer, le P. Girard, Dupanloup, etc.;

2° *Livres de directions pratiques*, où l'éducation est considérée dans ses détails plus que dans ses généralités, embrassant à la fois l'éducation proprement dite et l'instruction, et où les maîtres peuvent puiser des conseils d'une application immédiate, soit pour leur enseignement, soit pour la conduite de la classe ou la direction de la jeunesse. Nous citerons, comme **exemples**, les ouvrages de Gérando, Ambroise Rendu, Théry, Charbonneau, Mme Pape-Carpantier;

3° *Livres de renseignements et de documents historiques ou législatifs*, destinés à faire connaître l'état de l'éducation, sa législation et son histoire, tant dans la France en général, dans les départements et les différentes villes, que dans les pays étrangers. Cette catégorie contient des livres à consulter plutôt qu'à lire de suite. De ce genre sont les rapports de MM. V. Cousin, Saint-Marc-Girardin, Gréard, les ouvrages de M. Hippeau, etc.

Parmi les livres contenus dans ce catalogue, on remarquera un certain nombre d'ouvrages anciens qui, n'ayant pas été réimprimés dans ces derniers temps, ne se trouvent plus dans le commerce et ne se rencontrent que dans les ventes de bibliothèques. L'Administration a cru cependant devoir les placer sur sa liste pour différents motifs.

Plusieurs sont des monuments historiques de notre langue; ils portent des noms célèbres qui suffisent à les signaler à l'attention des lecteurs. Ils constituent en quelque sorte une histoire des idées de l'éducation dans les temps modernes. D'ailleurs, si les maîtres qui voudraient les lire ne peuvent les acquérir à volonté, il n'est presque pas de bibliothèques publiques d'une certaine importance où ils ne puissent en prendre connaissance.

D'autres, moins connus, comme il s'en trouve dans ce catalogue, se recommandent néanmoins par de bons conseils ou par des idées toujours pratiques; s'ils ne méritent pas d'être placés en première ligne, ils peuvent cependant être encore lus avec fruit.

Quelques-uns de ces livres anciens, comme Montaigne et Rabelais, font partie d'ouvrages étendus dont on ne saurait conseiller la lecture en entier aux maîtres et aux maîtresses, à qui leurs devoirs de chaque jour laissent peu de temps à consacrer à des études de ce genre. Ils contiennent pourtant des parties ou des chapitres qui sont tout à fait dignes de leur attention.

L'Administration regrette qu'il n'ait pas encore été fait, à l'usage spécial des établissements scolaires, des éditions particulières de ces parties ou chapitres, avec des introductions préliminaires, des notes et commentaires, nécessités soit par la manière dont le sujet est traité, soit par la différence des temps et des mœurs, soit même par les changements qu'a subis la langue.

Elle espère, en conséquence, que des hommes parfaitement au courant de la science pédagogique et de son histoire entreprendront de publier de nouvelles éditions de ces livres, en les accompagnant d'introductions critiques et de remarques propres à signaler aux maîtres les erreurs qui peuvent exister dans ces ouvrages, ainsi que les changements que les progrès de la science forcent d'apporter aux opinions émises par les auteurs.

Quant aux livres beaucoup moins anciens et même aux ouvrages récents que l'Administration a cru pouvoir placer dans ce catalogue, elle n'entend en aucune façon prendre la responsabilité de tout ce qu'ils contiennent, ni en approuver toutes les idées.

Il lui a suffi, pour y inscrire un livre, qu'il fût en possession de l'estime générale et qu'il ne donnât pas lieu à des critiques sérieuses portant sur l'ensemble de l'ouvrage.

Elle a pensé, en effet, qu'on doit établir une grande différence entre des livres qui s'adressent seulement à des maîtres éclairés, capables de discerner le bien et le mal, et des livres destinés à des élèves, entre les mains desquels on ne doit laisser arriver que des ouvrages de tout point irréprochables.

Toutefois il y a des livres que l'Administration n'a admis qu'à cause de leur importance et de la grande notoriété de leurs auteurs, mais dont elle ne saurait admettre ni toutes les doctrines ni tous les principes, pas plus que les conséquences pratiques qu'ils en tirent, bien que la lecture de ces ouvrages puisse, à des titres divers, être profitable à des hommes intelligents. Il suffit d'indiquer comme exemples les ouvrages de Rabelais, Locke, Rousseau, Herbert Spencer, Bain, etc.

Dans ce catalogue, on a eu soin d'indiquer la date de la première publication de chaque ouvrage. Ce renseignement était nécessaire pour faire connaître l'époque à laquelle appartient le livre. Tout ouvrage antérieur à notre siècle doit généralement être considéré comme n'existant plus dans la librairie.

C'est parmi les ouvrages compris dans ce catalogue que l'Administration se propose de choisir ceux dont elle gratifiera les bibliothèques départementales, cantonales ou communales.

Les établissements ou les localités qui se sont imposé ou qui s'imposeront à l'avenir des sacrifices pour la création de bibliothèques de ce genre, ou pour le développement de bibliothèques déjà existantes, auront seuls droit aux dons de l'État. Ils pourront même indiquer, parmi les ouvrages portés au catalogue, ceux qu'ils désireraient recevoir de préférence lorsqu'ils ne les posséderont pas déjà.

L'Administration ne s'engage, du reste, à fournir aucun des livres anciens qui ne sont plus dans le commerce et qu'on ne trouve que d'occasion. Elle ne s'engage pas non plus à fournir, parmi les livres modernes, ceux qui seraient momentanément épuisés.

Le catalogue aurait pu être aisément plus étendu. Mais l'Administration aurait cru manquer son but en y portant un trop grand nombre d'ouvrages. Les personnes qu'il est destiné à guider seraient peut-être embarrassées par cette abondance même. Il aurait fallu, dans ce cas, multiplier les divisions ou ajouter des explications qui, malgré tout, seraient restées insuffisantes. Il est rare, en effet, qu'un ouvrage se range nettement dans une seule et unique division; le plus souvent, au contraire, il appartient par son contenu à plusieurs catégories. C'est ce qu'on remarquera dans le catalogue, malgré les efforts qu'on a faits pour placer chaque livre dans la classe à laquelle il se rattache principalement.

En outre, dans une bibliothèque pédagogique, ce qui importe le plus, ce n'est pas le nombre des livres, mais leur valeur. On a donc inscrit seulement des ouvrages ayant un intérêt réel pour les maîtres. L'essentiel, en effet, selon une expression ancienne, est de *lire beaucoup* et non pas *beaucoup de livres*.

CATALOGUE

DES

BIBLIOTHÈQUES PÉDAGOGIQUES.

NOMS DES AUTEURS.	TITRES DES OUVRAGES.	ÉDITEUR ET DATE DE L'ÉDITION.	FORMAT.	NOMBRE DE VOLUMES.	PRIX DE L'EXEMPLAIRE.
					fr. c.
	I. DOCTRINE ET HISTOIRE DE L'ÉDUCATION.				
André	Nos maîtres hier	Hachette (1875)..	In-12.	1	3 50
André	Nos maîtres aujourd'hui	Hachette (1875)..	In-12.	2	5 00
Bain (A.)	La science de l'éducation. (Traduction.)	Alcan (1887)....	In-8°.	1	6 00
Barni (Jules)	Histoire des idées morales et politiques au xviiie siècle.	Alcan (1867)....	In-12.	2	7 00
Barni (Jules)	Les moralistes français au xviie siecle	Alcan (1873)....	In-12.	1	3 50
Barni (Jules)	La morale dans la démocratie	Alcan (1885)....	In-8°.	1	5 00
Barrau	Direction morale pour les instituteurs	Hachette (1881)..	In-12.	1	1 25
Barrau	Du rôle de la famille dans l'éducation ou théorie de l'éducation publique et privée.	Hachette (1857)..	In-8°.	1	Épuisé.
Baudrillart	La famille et l'éducation en France dans leurs rapports avec l'état de la société.	Perrin	In-12.	1	3 50
Beaussire	Les principes de la morale	Alcan (1885)....	In-8°.	1	5 00
Bénard	L'art de lire et d'écouter ou l'éducation littéraire.	Alphonse Picard.. (1878).	In-12.	2	5 00
Bersot	Questions d'enseignement. — Études sur les réformes universitaires.	Hachette (1880)..	In-12.	1	3 50
Bizos (G.)	Fénelon éducateur	Lecène et Oudin (1887).	In-8°.	1	1 50
Blackie (John Stuart).	L'éducation de soi-même (intellectuelle, physique et morale). Conseils aux jeunes gens. (Traduit de l'anglais par M. Pécaut).	Hachette (1881)..	In-12.	1	1 00
Bondivenne	L'éducation morale de la femme et son rôle dans la société.	P. Dupont (1887).	In-8°.	1	1 50
Bondivenne	La lecture et les lecteurs	P. Dupont (1876).	In-8°.	1	1 00
Bourde (Paul)	Le Patriote	Hachette (1888).	In-12.	1	1 25
Braun (Th.)	Cours complet de pédagogie et de méthodologie.	Jeandé (1885)...	Grand in-8°.	1	9 00

NOMS DES AUTEURS.	TITRES DES OUVRAGES.	ÉDITEUR ET DATE DE L'ÉDITION.	FORMAT.	NOMBRE DE VOLUMES.	PRIX DE L'EXEMPLAIRE.
Bréal..........	Quelques mots sur l'instruction publique...	Hachette (1886)..	In-12.	1	3 50
Cadet (Félix)....	Lettres sur la pédagogie................	Ch. Delagrave.... (1882.)	In-12.	1	2 00
Cadet (Félix)....	L'éducation à Port-Royal; extraits précédés d'une introduction.	Hachette (1887)..	In-12.	1	2 50
Caradeuc de La Chalotais.	Essai d'éducation nationale ou plan d'études pour la jeunesse.	1763..........	In-8°.	1	Épuisé.
Carré (J.)......	Les pédagogues de Port-Royal. — Notices, extraits et analyses avec des notes.	Ch. Delagrave.... (1887).	In-12.	1	3 00
Channing.......	OEuvres sociales. — Traduction française précédée d'un essai sur sa vie et sa doctrine, d'une introduction et de notices, par M. Édouard Laboulaye.	Charpentier...... (1885.)	In-12.	1	3 50
Charbonneau.....	Cours théorique et pratique de pédagogie...	Ch. Delagrave.... (1885).	In-12.	1	2 75
Cochin (Augustin)	Pestalozzi, sa vie, ses œuvres, ses méthodes d'instruction et d'éducation.	Perrin (1880)...	In-12.	1	1 25
Compayré (G.)...	Histoire critique des doctrines de l'éducation en France depuis le xvi° siècle.	Hachette (1885).	In-12.	2	7 00
Compayré (G.)..	Histoire de la pédagogie................	Paul Delaplane (1887).	In-12.	1	3 50
Compayré (G.)..	Notions élémentaires de psychologie.......	Paul Delaplane (1888).	In-12.	1	3 00
Compayré (G.)..	Cours de morale théorique et pratique.....	Paul Delaplane (1888).	In-12.	1	3 00
Compayré (G.)..	Cours de pédagogie théorique et pratique..	Paul Delaplane (1888).	In-12.	1	3 50
Condorcet.......	Rapport sur l'organisation générale de l'instruction publique, présenté à l'Assemblée législative, au nom du Comité d'instruction publique. (Imprimerie nationale.)				
	Le même rapport. — Édition Compayré (G.).	Hachette (1883).	In-12.	1	1 00
Corne..........	L'éducation intellectuelle................	Hachette (1888)..	In-18.	1	1 25
Darmesteter (Arsène).	La vie des mots étudiée dans leurs significations.	Ch. Delagrave ... (1887).	In-12.	1	2 00
Defodon, J. Guillaume et Pauline Kergomard.	Lectures pédagogiques à l'usage des écoles normales primaires. Morceaux choisis des principaux écrivains français et étrangers avec des notices, etc.	Hachette (1883)..	In-12.	1	4 00
Descartes.......	Discours de la méthode avec une notice biographique, une analyse et des notes, par E. Rabier.	Ch. Delagrave ... (1885).	In-12.	1	1 25
Descartes.......	Les principes de la philosophie, par Liard..	Ch. Delagrave.... (1885).	In-12.	1	1 50
Dreyfus-Brisac (Ed.).	L'éducation nouvelle; études de pédagogie comparée, 1re série.	Masson (1882)..	In-8°.	1	6 00
Dreyfus-Brisac (Ed.).	L'éducation nouvelle; études de pédagogie comparée, 2e série.	Masson (1888)..	In-8°.	1	6 00

NOMS DES AUTEURS.	TITRES DES OUVRAGES.	ÉDITEUR ET DATE DE L'ÉDITION.	FORMAT.	NOMBRE DE VOLUMES.	PRIX DE L'EXEMPLAIRE.
					fr. c.
Dumas.........	De l'éducation nationale et des principaux sentiments qui, de la part des maîtres et des élèves, doivent y présider.	Belin (1880)....	In-8°.	1	0 20
Dumont (Prosper).	De l'éducation populaire et des écoles normales, considérées dans leurs rapports avec la philosophie du christianisme.	Ch. Delagrave...	In-8°.	1	Épuisé.
Dupanloup (Mgr).	De l'éducation (11ᵉ édition)............	Gervais (1887)..	In-12.	3	10 50
Dupanloup (Mgr).	L'Enfant (4ᵉ édition),................	Gervais (1882)..	In-12.	1	4 00
Egger..........	Considérations et réflexions sur le développement intellectuel des enfants.	Picard (Alphonse). (1887).	In-12.	1	2 50
Épictète........	Manuel. Traduction nouvelle suivie d'extraits des Entretiens d'Épictète et des Pensées de Marc-Aurèle, avec une étude sur la philosophie d'Épictète et des notes, par Guyau.	Ch. Delagrave... (1875).	In-12.	1	2 50
Favre (Mᵐᵉ Jules), née Velten.	Montaigne moraliste et pédagogue.........	Fischbacher..... (1887).	In-12.	1	3 50
Fénelon........	Éducation des filles précédée d'une introduction, par Oct. Gréard.	Jouaust (1885)..	In-12.	1	3 00
Fénelon........	L'Éducation des filles, texte collationné sur l'édition de 1687, avec une introduction et des notes pédagogiques et explicatives, par Ch. Defodon.	Hachette (1884)..	In-12.	1	1 00
Fénelon........	L'Éducation des filles, par Paul Rousselot..	Ch. Delagrave.... (1883).	In-12.	1	1 00
Fénelon........	De l'Éducation des filles. Texte revu sur l'édition originale (1687), avec une introduction et des notes critiques, grammaticales et littéraires, par M. A. Gasté.	Belin (1882.)...	In-12.	1	1 25
Fénelon........	De l'Éducation des filles. Texte revu sur les meilleures éditions et annoté par Paul Feuilleret.	Garnier (1883)..	In-12.	1	1 00
Frary..........	Le péril national.....................	Léopold Cerf.... (1884.)	In-12.	1	3 50
Gauthey........	De l'Éducation, ou Principes de pédagogie chrétienne.	Fischbacher..... (1856).	In-8°.	2	Épuisé.
Gossot.........	Mᶠˡˡᵉ Sauvan.....................	Hachette (1880).	In-12.	1	1 50
Gréard (Oct.)....	L'éducation des femmes par les femmes; études et portraits.	Hachette (1887).	In-12.	1	3 50
Gréard (Oct.)...	Éducation et instruction; enseignement primaire.	Hachette (1887)..	In-12.	1	3 50
Gréard.(Oct.)....	Éducation et instruction; enseignement secondaire.	Hachette (1887)..	In-12.	2	7 00
Gréard (Oct.)...	Éducation et instruction; enseignement supérieur.	Hachette (1887)..	In-12.	1	3 50
Guimps (Mᵐᵉ de).	La philosophie et la pratique de l'éducation.	Fischbacher..... (1860)	In-8°.	1	Épuisé.
Guimps (Mᵐᵉ de).	Histoire de Pestalozzi, de sa pensée et de son œuvre.	Fischbacher.....	In-8°.	1	Épuisé.

NOMS DES AUTEURS.	TITRES DES OUVRAGES.	ÉDITEUR ET DATE DE L'ÉDITION.	FORMAT.	NOMBRE DE VOLUMES.	PRIX DE L'EXEMPLAIRE.
					fr. c.
Guizot (Mme)....	Éducation domestique, ou Lettres de famille sur l'éducation.	Perrin (1888)...	In-12.	2	5 00
Guizot.........	Méditations et études morales...........	Perrin (1882)...	In-8°.	1	6 00
Guizot.........	Méditations et études morales...........	Perrin (1882)...	In-12.	1	3 50
Hippeau........	L'éducation et l'instruction considérées dans leurs rapports avec le bien-être social et le perfectionnement de l'esprit humain.	Delalain (1885)..	In-12.	1	3 50
Janet (Paul)....	Histoire de la science politique dans ses rapports avec la morale.	Alcan (1887)....	In-8°.	2	20 00
Janet (Paul) et Seailles (Gabriel)	Histoire de la philosophie...............	Ch. Delagrave.... (1887).	In-8°.	1	10 50
Janet (Paul)....	Traité élémentaire de philosophie.........	Ch. Delagrave ... (1887).	In-8°.	1	9 50
Janet (Paul)....	La morale...........................	Ch. Delagrave.... (1887).	In-12.	1	4 50
Janet (Paul)....	Cours de morale répondant aux programmes d'enseignement des écoles normales d'insti- tuteurs.	Ch. Delagrave ... (1887).	In-12.	2	5 00
Janet (Paul)....	Cours de morale répondant aux programmes d'enseignement des écoles normales d'insti- tutrices.	Ch. Delagrave.... (1884).	In-12.	2	5 00
Janet (Paul)....	Éléments de morale....................	Ch. Delagrave.... (1886).	In-12.	1	3 00
Joly (H.).......	Notions de pédagogie suivies d'un résumé historique et d'une bibliographie.	Delalain (1884)..	In-12.	1	3 00
Kant..........	Traité de pédagogie traduit de l'allemand, par J. Barni, précédé d'une introduction par R. Thamin.	Alcan (1886)....	In-12.	1	1 50
La Hautière (De).	Cours de psychologie élémentaire appliquée à l'éducation.	Garnier (1888)..	In-12.	1	3 50
Le Gendre.......	Lakanal, avec une préface de M. Paul Bert.	Weil et Maurice.. (1882).	In-12.	1	0 75
Legouvé........	Une éducation de jeune fille............	Hetzel (1884)....	In-12.	1	1 00
Locke..........	Quelques pensées sur l'éducation, par G. Compayré.	Hachette (1882).	In-12.	2	2 50
Locke..........	Pensées sur l'éducation des enfants. (Traduc- tion de Coste, revue, annotée et précédée d'une introduction, par Louis Fochier.)	Ch. Delagrave... (1886).	In-12.	1	2 50
Maintenon (Mme de).	Extraits de ses lettres, avis, entretiens, con- versations et proverbes sur l'éducation, précédés d'une introduction, par Oct. Gréard.	Hachette (1886)..	In-12.	1	2 50
Maintenon (Mme de).	Éducation et morale, choix de lettres, entre- tiens et instructions, par Félix Cadet et le Dr Darin.	Ch. Delagrave.... (1885).	In-12.	1	2 00
Maintenon (Mme de), institutrice.	Extraits de ses lettres, etc., par Émile Faguet (3e édition).	Lecène et Oudin (1887).	In-12.	1	1 50

NOMS DES AUTEURS.	TITRES DES OUVRAGES.	ÉDITEUR ET DATE DE L'ÉDITION.	FORMAT.	NOMBRE DE VOLUMES.	PRIX DE L'EXEMPLAIRE.
					fr. c.
Mann (Horace)..	De l'importance de l'éducation dans une république. — Conférences d'Horace Mann, précédées d'extraits de la vie de Mann, par Laboulaye.	Berger-Levrault.. (1883).	In-12.	1	2 00
Marc-Aurèle.....	Pensées. (Traduction de Barthélemy-Saint-Hilaire.)	Alcan (1876)....	In-12.	1	4 50
Marion (Henri)..	Leçons de morale...................	Armand Colin ... (1888).	In-12.	1	4 00
Marion (Henri)..	Leçons de psychologie appliquée à l'éducation.	Armand Colin.... (1888).	In-12.	1	4 50
Marion (Henri)..	De la solidarité morale; essai de psychologie appliquée.	Alcan (1883)....	In-8°.	1	5 00
Marion (Henri)..	Locke, sa vie et ses œuvres.............	Alcan (1878)....	In-12.	1	2 50
Martin (Alexandre)	Les doctrines pédagogiques des Grecs......	Ch. Delagrave ... (1881.)	In-8°.	1	1 25
Martin (Alexandre)	L'éducation du caractère	Hachette (1887)..	In-12.	1	3 50
Meyer (De) ..... Montaigne (voir Rabelais).	Les organes de la parole et leur emploi pour la formation des sons du langage. (Traduit de l'allemand, par O. Claveau).	Alcan (1884)....	In-8°.	1	6 00
Montaigne.......	De l'Institution des enfants, avec étude et notes explicatives, par Eugène Réaume.	Belin (1887)....	In-12.	1	0 75
Montaigne.......	Essais (Livre Ier, chap. xxv) accompagnés d'extraits des principaux écrivains pédagogiques du xvie siècle avec des variantes, des notes philologiques, littéraires et historiques, par Eugène Voizard.	Garnier (1888)..	In-12.	1	0 75
Montaigne.......	De l'Institution des enfants (Essais, livre Ier, chap. xxv) et extraits pédagogiques publiés avec une notice, une analyse et des notes, par G. Compayré.	Hachette (1888)..	In-12.	1	1 00
Naville (E.).....	Notice sur le P. Girard.................	Fischbacher (1850)	In-8°.	1	Épuisé.
Naville (E.).....	De l'éducation publique.................	....	In-8°.	1	Épuisé.
Naville (E.).....	De l'éducation publique, avec une introduction, une bibliographie, des jugements et des extraits, par Félix Hémon.	Delagrave (1888).	In-12.	1	Épuisé.
Necker de Saussure (Mme).	L'Éducation progressive, ou Étude du cours de la vie, 6e édition.	Garnier (1888)..	In-12.	2	7 00
Pape–Carpantier (Mme.)	Sa vie et ses ouvrages..................	Duval	In-12.	1	1 00
Paroz..........	Histoire de la pédagogie................	Ch. Delagrave.... (1883).	In-12.	1	4 00
Pécaut (Félix)...	Études au jour le jour sur l'éducation nationale	Hachette (1881)..	In-12	1	3 50
Pérez (Bernard)..	L'éducation morale dès le berceau; essai de psychologie appliquée.	Alcan (1888)....	In-8°.	1	5 00
Pérez (Bernard)..	Les trois premières années de l'enfant.....	Alcan (1888)....	In-8°.	1	5 00
Pérez (Bernard)..	L'Enfant de trois à sept ans.............	Alcan (1888)....	In-8°.	1	5 00
Pérez (Bernard)..	J. Jacotot et sa méthode d'émancipation intellectuelle.	Alcan (1883)....	In-12.	1	3 00

NOMS DES AUTEURS.	TITRES DES OUVRAGES.	ÉDITEUR ET DATE DE L'ÉDITION.	FORMAT.	NOMBRE DE VOLUMES.	PRIX DE L'EXEMPLAIRE.
					fr. c.
Pestalozzi.......	Comment Gertrude instruit ses enfants. (Traduit de l'allemand et annoté par le Dr Eug. Darin, avec une introduction par Félix Cadet.)	Ch. Delagrave.... (1887).	In-12.	1	2 50
Pompée et Château	Études sur Pestalozzi....................	Ch. Delagrave.... (1882).	In-12.	1	4 00
Prévost-Paradol ..	Du rôle de la famille dans l'éducation.....	Hachette (1857).	In-8°.	1	Épuisé.
Preyer.......... Rabelais (voir Montaigne).	L'âme de l'enfant; observations sur le développement psychique des premières années. Traduit de l'allemand, par H. de Varigny.	Alcan (1887)....	In-8°.	1	10 00
Rabelais et Montaigne.	« Les idées de Rabelais et de Montaigne sur l'éducation », avec introduction, études et notes explicatives, par Eugène Réaume.	Belin (1888)....	In-12.	1	2 00
Rabelais et Montaigne.	Extraits relatifs à l'éducation, avec introduction biographique et critique, notes et glossaires, par Eugène Talbot.	Delalain (1883)..	In-12.	1	2 50
Rendu (Ambr.)..	Cours de pédagogie (11e édition).........	Garnier (1888)...	In-12.	1	2 00
Rémusat (Mme de.)	Essai sur l'éducation des femmes..........	Charpentier (1842)	In-22.	1	Épuisé.
Richter (Jean-Paul).	Sur l'éducation. Traduction, avec préface, par Mme veuve Jules Favre.	Ch. Delagrave ... (1886).	In-12.	1	1 00
Rollin..........	Traité des études. — Directions pédagogiques recueillies par Félix Cadet et par le Dr Darin.	Ch. Delagrave ... (1882).	In-12.	1	2 00
Rousseau (J.-J.).	Émile ou de l'éducation. Nouvelle édition accompagnée de notes historiques et littéraires, par M. J. Labbé, ancien élève de l'École normale, agrégé des classes supérieures :	Belin.			
	Livre Ier, précédé d'une notice sur la vie et les écrits de J.-J. Rousseau.	Belin (1884)...	In-12, cart.	1	1 00
	Livre II, précédé d'une notice sur la vie et les écrits de J.-J. Rousseau.	Belin (1882)....	In-12.	1	1 25
	Livre III, précédé d'un argument.........	Belin (1885)....	In-12.	1	1 00
	Livre IV, précédé d'un argument	Belin (1885)....	In-12.	1	2 25
Rousseau (J.-J.)..	Émile ou de l'éducation. Extraits comprenant les principaux éléments pédagogiques des trois premiers livres, avec une introduction et des notes, par Jules Steeg.	Hachette (1882)..	In-12.	1	1 00
Rousseau (J.-J.)..	Émile ou de l'éducation, livre II, publié avec une notice, une analyse et des notes, par Jules Steeg.	Hachette (1888)..	In-12.	1	2 00
Rousseau (J.-J.)..	Émile ou de l'éducation. Extraits des cinq livres, avec deux introductions, par Paul Souquet.	Ch. Delagrave.... (1880).	In-12.	1	2 50
Rousseau (J.-J.)..	Émile. Le second livre, avec une introduction et des notes, par Ch. Gidel.	Garnier (1883)..	In-12.	1	1 25
Rousseau (J.-J.)..	Extraits relatifs à l'éducation, avec introduction biographique et critique, notes et glossaires, par M. E. Talbot.	Delalain (1883)..	In-12.	1	2 50

NOMS DES AUTEURS.	TITRES DES OUVRAGES.	ÉDITEUR ET DATE DE L'ÉDITION.	FORMAT.	NOMBRE DE VOLUMES.	PRIX DE L'EXEMPLAIRE.
					fr. c.
Rousselot (Paul).	La pédagogie féminine.................	Ch. Delagrave ... (1887).	In-12.	1	2 00
Rousselot (Paul).	Histoire de l'éducation des femmes en France.	Perrin (1883) ...	In-12.	2	7 00
Salmon........	Conférences sur les devoirs des instituteurs primaires.	Hachette (1880)..	In-12.	1	3 00
Schubert (G.-H. de).	Vie de Bernard Owerberg. (Traduction par Léon Boré).	Hachette (1843)..	In-12.	1	Épuisé.
Simon (Jules)...	L'École............................	Hachette (1886)..	In-12.	1	3 50
Souquet (Paul)..	Les écrivains pédagogues du xvie siècle.....	Ch. Delagrave.... (1886).	In-12.	1	2 00
Spencer (Herbert).	De l'éducation intellectuelle, morale et physique. (Traduction.)	Alcan (1888)....	In-8°.	1	5 00
Spencer (Herbert).	De l'éducation intellectuelle, morale et physique. (Traduction.)	Alcan (1888)....	In-32.	1	0 60
Spencer (Herbert).	L'éducation intellectuelle, morale et physique. Traduction nouvelle avec une introduction, des sommaires et des notes, par Alexis Bertrand.	Belin (1887)....	In-12.	1	2 00
Steeg (Jules)....	L'honnête homme; cours de morale théorique et pratique, à l'usage des instituteurs, des écoles normales primaires et des écoles primaires supérieures.	F. Nathan (1888).	In-12.	1	3 00
Théry..........	Lettres sur la profession d'instituteur.......	Ch. Delagrave ... (1882).	In-12.	1	2 00
Vessiot..........	De l'Éducation à l'école (7e édition).......	Lecène et Oudin.. (1888).	In-12.	1	3 50
Vessiot..........	De l'Enseignement à l'école (7e édition)...	Lecène et Oudin.. (1888).	In-12.	1	3 50
Whitney........	La vie du langage.....................	Alcan (1880)....	In-8°.	1	6 00
Anonyme........	Les maîtres de l'enfance, par un inspecteur d'académie honoraire.	P. Dupont (1881).	In-12.	1	2 00

II.

PÉDAGOGIE PRATIQUE.

NOMS DES AUTEURS.	TITRES DES OUVRAGES.	ÉDITEUR ET DATE DE L'ÉDITION.	FORMAT.	NOMBRE DE VOLUMES.	PRIX DE L'EXEMPLAIRE.
					fr. c.
André et Raymond.	Cours de langue française à l'usage des écoles de sourds-muets. — Première année.	Georges Carré.... (1887).	In-12.	2	2 50
Bonnier (Gaston).	Le nouvel enseignement des sciences naturelles et expérimentales. Conférences faites aux professeurs des lycées de Paris, Versailles et Vanves.	P. Dupont...... (1881).	In-12	5	9 50
Bonnier (Gaston) et de Layens.	Nouvelle flore pour la détermination facile des plantes sans mots techniques avec 2,145 figures.	P, Dupont (1888).	In-12.	1	5 00
Brouard et Defodon.	L'inspection des écoles primaires..........	Hachette (1887).	In-12	1	3 50
Brouard et Defodon.	Manuel du certificat d'aptitude pédagogique.	Hachette (1887).	In-8°, cart.	1	5 00
Brudenne (Victor).	Le travail manuel; traité à l'usage des écoles normales primaires, des écoles primaires supérieures, des écoles professionnelles et des écoles primaires, conforme aux programmes officiels, avec gravures.	E. Belin (1887)..	In-12.	1	2 25
Carré (J.)......	Essai de pédagogie pratique (Souvenirs de dix ans d'inspection).	Jeandé (1887)...	In-12.	1	3 50
Chalamet (R.-El.).	L'école maternelle. Étude sur l'éducation des petits enfants.	Ch. Delagrave... (1883).	In-12.	1	2 50 .
Cocheris et Strehly.	La langue française (origine et histoire)....	Ch. Delagrave. .. (1886).	In-12.	1	1 65
Cocheris........	Notions d'étymologie française............	Ch. Delagrave.... (1885).	In-12.	1	2 50
Cocheris (Mᵉ P.W.)	Pédagogie des travaux à l'aiguille........	Ch. Delagrave ... (1882.)	In-12.	1	3 00
Daguet (A.).....	Manuel de pédagogie...................	Fischbacher (1881)	In-12.	1	3 50
Daguet (A.).....	Manuel de pédagogie suivi d'un précis de l'éducation, à l'usage des personnes qui enseignent (5ᵉ édition).	Hachette (1886)..	In-12.	1	3 50
Delon (Ch.).....	La leçon de choses....................	Hachette (1888)..	In-12.	1	3 00
Delon (Mᵐᵉ Fanny) et Ch. Delon.	Méthode intuitive, selon la méthode et les procédés de Pestalozzi et de Froebel; 3ᵉ édition.	Hachette (1882)..	In-8°.	1	7 00
Dumont et Philippon.	Guide pratique des travaux manuels........	Vᵉ Larousse...... (1888).	In 8°.	1	2 00
Edgeworth (Miss).	Éducation pratique. (Traduction Charles Pictet de Genève. Nouvelle édition revue et corrigée.)	Magimel (1801)..	In-8°.	2	Épuisé.

NOMS DES AUTEURS.	TITRES DES OUVRAGES.	ÉDITEUR ET DATE DE L'ÉDITION.	FORMAT.	NOMBRE DE VOLUMES.	PRIX DE L'EXEMPLAIRE.
					fr. c.
Faivre (Émile)...	Enseignement du travail manuel à l'école primaire, exercices gradués conformes au programme officiel.	Hachette (1887).	In-12.	1	1 50
Foncin (P.).....	Géographie historique. Leçons en regard des textes résumant l'histoire de la formation territoriale des pays civilisés et l'histoire de la civilisation : Antiquité. — Moyen âge. — Temps modernes. — Période contemporaine. — 48 leçons, 48 cartes coloriées, 50 figures, lexique, table alphabétique.	Armand Colin.... (1888).	Grand in-8° carré.	1	6 00
Fonssagrives (J.-B.).	L'éducation physique des garçons.........	Ch. Delagrave....	In-12.	1	Épuisé.
Fonssagrives (J.-B.).	L'éducation physique des jeunes filles......	Ch. Delagrave.... (1881).	In-12.	1	3 50
Fræbel (Frédéric).	Manuel pratique des jardins d'enfants, à l'usage des institutrices et des mères de famille, composé sur les documents allemands, par J. F. Jacobs; 4e édition ornée de nombreuses figures.	Jeandé (1880)...	Petit in-4°.	1	10 00
Gérando (De)....	Cours normal des instituteurs primaires ou directions relatives à l'éducation physique, morale et intellectuelle (6e édition).....	Laurens (1881)..	In-12.	1	2 50
Girard (Le Père).	De l'enseignement régulier de la langue maternelle dans les écoles et les familles.	Delagrave (1881).	In-12.	1	2 25
Girard (Le Père).	Cours éducatif de langue maternelle.......	Delagrave (1881).	In-12.	6	13 50
Giroux (Mme)...	Manuel d'examen pour l'enseignement de la coupe et de l'assemblage des vêtements de femmes et d'enfants, avec de nombreuses figures.	Hachette (1885)..	In-8°	1	2 50
Giroux (Mme)...	Traité de la coupe et de l'assemblage des vêtements de femmes et d'enfants, avec de nombreuses figures ; abrégé du précédent ouvrage.	Hachette (1882)..	In-12, cart.	1	1 50
Grand'homme (Mlle E.).	Coupe et confection des vêtements de femmes et d'enfants (6e édition).	Chez l'auteur.... (1887).	In-12.	1	1 00
Kuhff (Ph.)..	Le principe et la méthode de l'enseignement scolaire des langues vivantes, première partie.	Chez l'auteur.... (1886).	In-12.	1	2 00
Laubier et Bougueret.	Le travail manuel à l'école de la rue Tournefort.	Hachette (1888)..	In-4°.	1	5 00
Legouvé........	L'art de la lecture (illustré).............	Hetzel (1887)....	In-12.	1	3 00
Legouvé........	Petit traité de lecture à haute voix à l'usage des écoles primaires.	Hetzel (1882)...	In-12.	1	2 00
Leloir.........	L'art de dire.......................	Lecène et Oudin.. (1886).	In-12.	1	1 50
Marchef - Girard (Mlle).	Cours d'économie domestique...........	Picard et Kaan... (1886).	In-12.	1	2 25
Maria (Sœur)....	Nouveau manuel des salles d'asile.........	Ch. Delagrave.... (1882).	In-8°.	1	9 00

NOMS DES AUTEURS.	TITRES DES OUVRAGES.	ÉDITEUR ET DATE DE L'ÉDITION.	FORMAT.	NOMBRE DE VOLUMES.	PRIX DE L'EXEMPLAIRE.
					fr. c.
Martin (P.).....	Cours normal de travail manuel rédigé conformément aux programmes officiels.	Armand Colin.... (1888).	In-12.	1	2 00
Masson (Octavie).	Histoire d'un jardin d'enfants............	Jeandé (1880)...	In-8°.	1	6 00
Overberg (Bernard).	Manuel de pédagogie et de méthodique générale. (Traduction Cornet).	Grandmond-Donders, à Liège.	In-8°.	1	Épuisé.
Pape-Carpantier (Mme).	Conseils sur la direction des salles d'asile...	Hachette (1887)..	In-12.	3	1 50
Pape-Carpantier (Mme).	Enseignement pratique dans les salles d'asile.	Hachette (1885)..	In-8°.	1	6 00
Pape-Carpantier (Mme).	Manuel des maîtres. — 1re année préparatoire. — 2e année préparatoire. — Période élémentaire.	Hachette (1881 et 1887).	In-12.	3	7 50
Pape-Carpantier (Mme).	Introduction de la méthode des salles d'asile dans l'enseignement primaire.	Ch. Delagrave... (1883.)	In-12.	1	0 75
Pécaut (Dr Élie) et Baude (Ch.).	L'art. Simples entretiens à l'usage des écoles primaires.	Ve Larousse..... (1887).	In-8°.	1	2 00
Paroz...........	Leçons de choses.....................	Fischbacher (1881)	In-12.	1	2 00
Platrier, Martin, Brochet, Caviale.	Nouveau cours d'études primaires conforme aux programmes du 27 juillet 1882 (livre du maître).	Paul Dupont.....	in-4°.	4	19 00
Rapet (J.-J.)....	Cours d'études des écoles primaires........	P. Dupont (1881).	In-8°.	1	4 00
Rendu (E.).....	Guide des salles d'asile.................	Hachette (1863)..	In-8^a	1	Épuisé.
Rendu (E.).....	Manuel de l'enseignement primaire. Pédagogie théorique et pratique. Nouvelle édition revue et augmentée, avec la collaboration de M. A. Trouillet.	Hachette (1881)..	In-8°.	1	6 00
Riant..........	L'hygiène et l'éducation dans les internats..	Hachette........	In-12.	1	Épuisé.
Riant..........	Hygiène scolaire......................	Hachette (1884)..	In-12.	1	3 50
Ricquier (Léon)..	Cours de lecture à haute voix des écoles normales primaires, professé à l'école normale de la Seine.	Ch. Delagrave... (1882).	In-12.	1	2 00
Rousselot (Paul)..	L'école primaire. — Essai de pédagogie élémentaire.	Ch. Delagrave... (1882).	In-12.	1	1 25
Rousselot (Paul).	Pédagogie à l'usage de l'enseignement primaire.	Ch. Delagrave.... (1885).	In-12.	1	3 00
Saffray (D^r).....	Leçons de choses ; cours méthodique contenant les matières des programmes officiels «Livre du maître» avec questionnaire.	Hachette (1886)..	In-12.	1	1 50
Sauvan (Mlle)...	Cours normal des instituteurs primaires....	Buisson et Gœtz..	In-12.	1	1 50
Schéfer (Mme G.)	Méthode de coupe et d'assemblage pour robes de femme et vêtements d'enfants. Nouvelle édition avec figures.	Delagrave (1887).	In-12.	1	1 25
Schefer (Mme) et Amis.	Travaux manuels et économie domestique à l'usage des jeunes filles, notions très simples sur l'hygiène, l'habitation, les soins du ménage, le blanchissage, le raccommodage et la confection des vêtements, la culture d'un jardin, la basse-cour, ouvrage rédigé conformément au programme officiel de 1882.	Ch. Delagrave... (1887).	In-12.	1	2 00

NOMS DES AUTEURS.	TITRES DES OUVRAGES.	ÉDITEUR ET DATE DE L'ÉDITION.	FORMAT.	NOMBRE DE VOLUMES.	PRIX DE L'EXEMPLAIRE.
					fr. c.
Snyckers (M.)...	Le sourd-parlant, cours méthodique et intuitif de la langue française à l'usage des établissements de sourds-muets, première année d'étude.	Georges Carré.... (1886).	In-12.	1	2 00
Snyckers (M.)...	Le sourd-parlant, cours méthodique et intuitif de la langue française à l'usage des établissements de sourds-muets, deuxième année d'étude, livre du maître.	Georges Carré.... (1886).	In-12.	1	2 50
Subercaze.......	Promenades et excursions scolaires........	Delalain (1881.).	In-12.	1	0 50
Divers..........	Petit Traité de morale, à l'usage des écoles primaires, publié par la revue *La critique philosophique*.	Fischbacher...... (1882.)	In-12.	1	2 00
Divers... .. .	Conférences pédagogiques faites à la Sorbonne aux instituteurs primaires venus à Paris pour l'Exposition universelle de 1867.	Hachette........	In-12.	3	Épuisé.
Divers..........	Conférences pédagogiques faites aux instituteurs primaires délégués à l'Exposition universelle de 1878.	Ch. Delagrave.... (1878).	In-12.	1	Épuisé.
Un ancien inspecteur d'académie.	Leçons élémentaires de pédagogie pratique..	P. Dupont (1886)	In-12.	1	2 00

NOMS DES AUTEURS.	TITRES DES OUVRAGES.	ÉDITEUR ET DATE DE L'ÉDITION.	FORMAT.	NOMBRE DE VOLUMES.	PRIX DE L'EXEMPLAIRE.
					fr. c.
	III. **OUVRAGES À CONSULTER.**				
Anthoine........	A travers nos écoles..................	Hachette (1887)..	In-12.	1	3 50
Bagnaux (De), Brouard, Buisson, Defodon.	Travaux d'instituteurs français...........	Hachette (1881) .	In-12.	1	3 00
Bagnaux (De), Brouard, Buisson, Defodon.	Devoirs d'écoliers français...............	Hachette (1881)..	In-12.	1	3 50
Bagnaux (De), Brouard, Buisson, Defodon.	Devoirs d'écoliers étrangers.............	Hachette (1881)..	In-12.	1	3 50
Baudouin........	Rapport sur l'état actuel de l'enseignement spécial et de l'enseignement primaire en Allemagne.	....	In-4°.	1	Épuisé.
Benoît-Lévy et Bocandé.	Manuel pratique pour l'application de la loi sur l'instruction obligatoire, avec une préface de M. Jean Macé.	Léopold Cerf .... (1882).	In-12.	1	1 00
Benoist.........	De l'instruction et de l'éducation des indigènes dans la province de Constantine.	Hachette (1887)..	In-8°.	1	3 50
Berger, Brouard, Defodon, Mabilleau et Demkès.	Manuel d'examen pour le brevet de capacité de l'enseignement primaire.				
	Brevet élémentaire..................	Hachette (1888)..	In-°8.	1	5 00
	Brevet supérieur...................	Hachette (1888)..	In-8°.	1	6 00
Bert (Paul).....	La loi de l'enseignement primaire........	G. Masson (1880).	In-12	1	Épuisé.
Bert (Paul).....	Leçons, discours et conférences..........	Charpentier (1881)	In-12.	1	3 50
Beurdeley (Paul).	L'École nouvelle......................	Ch. Delagrave... (1884).	In-12,	1	1 50
Bondivenne......	Études critiques sur l'enseignement public.	P. Dupont (1876).	In-8°.	1	6 00
Bréal (Michel)...	Excursions pédagogiques en Allemagne, en Belgique et en France.	Hachette (1882).	In-12.	1	3 50
Buisson (F.)	Dictionnaire de pédagogie et d'instruction primaire.				
	1re partie (instruction)	Hachette (1887)..	Gr. in-8°	2	48 00
	2e partie (pédagogie)..............	Hachette (1887)..	Gr. in-8°	2	38 00
Buisson (F.)....	Rapport sur l'Exposition de Vienne.......	....	In-8°.	1	Épuisé.
Buisson (F.)....	Devoirs d'écoliers américains............	Hachette (1881) .	In-12.	1	4 00
Buisson, Berger, Laporte, Valens, Olagnier et Rauber.	Rapport sur l'Exposition universelle à Philadelphie.	....	In-8°.	1	Épuisé.
Cantemerle......	Dictionnaire de l'administration des lycées, collèges communaux et écoles normales primaires.	Delalain (1887)..	In-8°.	2	30 00
Chaumeil	Recueil méthodique de la nouvelle législation de l'enseignement primaire.	Vᵉ Larousse..... (1887.)	In-32.	1	1 25

NOMS DES AUTEURS.	TITRES DES OUVRAGES.	ÉDITEUR ET DATE DE L'ÉDITION.	FORMAT.	NOMBRE DE VOLUMES.	PRIX DE L'EXEMPLAIRE.
					fr. c.
Cadet (E.)	Dictionnaire usuel de législation	Belin (1888)	In-12.	1	6 50
Debras (C.)	Nouveau guide des aspirants et aspirantes aux brevets de capacité et au certificat d'aptitude pédagogique.	Belin (1883)	In-12.	1	1 60
Delalain	Annuaire de l'instruction publique et des beaux-arts; deuxième partie : législation.	Delalain	In-8°.	1	3 00
Dumesnil (Georges).	La pédagogie dans l'Allemagne du Nord	Ch. Delagrave. (1885).	In-12.	1	1 50
Dumont (Albert).	Notes et discours (1873-1884)	Armand Collin (1885.)	In-12.	1	3 50
Durand (Albert).	La législation des écoles maternelles et des écoles primaires.	Jeandé (1882)	Grand in-8°	1	5 00
Duruy (V.)	Administration de l'instruction publique de 1863 à 1869.	Delalain (1870).	In-8°.	1	6 00
Duruy (V.)	Circulaires et instructions relatives à l'instruction publique de 1863 à 1869.	Delalain (1870)	In-8°.	1	6 00
Ferneuil	La réforme de l'enseignement public en France.	Hachette (1879).	In-12.	1	3 50
Gréard (Oct.)	Rapport sur l'instruction primaire dans le département de la Seine.	Chaix (1872)	In-4°.	1	Épuisé.
Gréard (Oct.)	Législation de l'instruction primaire de 1789 à 1873.	Charles de Mourgues frères. (1874).	In-8°.	3	Épuisé.
Gréard (Oct.)	Rapport sur l'instruction primaire dans le département de la Seine.	Chaix (1875)	In-4°.	1	Épuisé.
Gréard (Oct.)	Organisation pédagogique des écoles publiques du département de la Seine. — Programmes et instructions. — Divisions mensuelles des matières de l'enseignement : 1869, 1871-1872, 1876-1877.	P. Dupont, Charles de Mourgues frères.	In-8°.	5	Épuisé.
	Nouvelle édition complétée. (Sous presse).	Delalain (1888).			
Gréard (Oct.)	Rapport sur l'instruction primaire dans le département de la Seine, de 1867 à 1878.	Chaix (1878)	In-4°.	1	Épuisé.
Gréard (Oct.)	Rapport sur un concours à l'Institut pour le prix Bordin (1877).	P. Dupont	In-8°.	1	Épuisé.
Gréard (Oct.)	L'enseignement secondaire des filles, avec tableaux de comparaisons, documents annexes, etc. (3e édition).	Delalain (1883)	In-8°.	1	7 00
Hippeau (C.)	L'instruction publique en France pendant la Révolution. Débats législatifs.	Perrin (1881)	In-12	2	7 50
Hippeau (C.)	L'instruction publique aux États-Unis.	Perrin (1878)	In-12.	1	4 00
Hippeau (C.)	L'instruction publique dans les États du Nord.	Perrin (1878).	In-12.	1	3 50
Jost	Les congrès des instituteurs allemands.	Ch. Delagrave. (1880).	In-12.	1	2 00
Jost	Annuaire de l'enseignement primaire.	Armand Colin	In-12.	1	2 00
Lavisse (Ernest).	Questions d'enseignement national	Armand Colin. (1885).	In-12.	1	3 50
Laugier (Albert) et Gaston Valran.	Compositions écrites de pédagogie, sujets, plans et développements.	Belin (1886)	In-12.	1	1 20

NOMS DES AUTEURS.	TITRES DES OUVRAGES.	ÉDITEUR ET DATE DE L'ÉDITION.	FORMAT.	NOMBRE DE VOLUMES.	PRIX DE L'EXEMPLAIRE.
					fr. c.
Laveleye (É. de).	L'instruction du peuple.	Hachette	In-8°.	1	7 00
Lhomme.	Code manuel des délégués cantonaux et communaux.	Ch. Delagrave. (1882.)	In-12.	1	3 00
Liquier (Roger).	Causeries pédagogiques. Recueil d'articles publiés du 1er septembre 1884 au 1er janvier 1886 dans le journal «l'Instruction primaire».	Belin (1886)	In-12.	1	1 80
Liquier (Roger).	Guide des aspirants au professorat des écoles normales et des écoles primaires supérieures ainsi qu'à l'admission aux écoles normales supérieures d'enseignement primaire de Saint-Cloud et de Fontenay-aux-Roses. (Ordre des lettres.)	Belin (1888)	In-12.	1	2 80
Loizillon (Mlle Marie).	L'éducation des enfants aux États-Unis. Rapport présenté à M. le Ministre de l'instruction publique après une mission officielle.	Hachette (1883).	In-8°.	1	1 50
Lorain.	Tableau de l'instruction primaire en France.	Hachette (1836).	In-8°.	1	Épuisé.
Marguerin et Mothéré.	De l'enseignement des classes moyennes et des classes ouvrières en Angleterre.	Ch. de Mourgues.	In-4°.	1	Épuisé.
Mesnil (A. du).	Lettre à M. Jules Ferry sur le congrès international.	Hachette (1880).	In-8°.	1	2 00
Mourier (Ad.).	Exposés faits au conseil académique de Paris.	Delalain (1879).	In-8°.	1	Épuisé.
Narjoux.	Construction des maisons d'école.	Ch. Delagrave. (1880).	In-12	1	2 50
Ollendon (D').	Recueil des sujets de composition donnés aux examens du brevet de capacité et du brevet de sous-maitresse dans les diverses académies pendant les années 1879-1885.	Delagrave. (3e édition.)	In-12.	1	3 50
Passy (Paul).	L'instruction primaire aux États-Unis. Rapport présenté au Ministre de l'instruction publique.	Ch. Delagrave. (1885).	In-12.	1	2 00
Pécaut.	Deux mois de mission en Italie.	Hachette (1883).	In-12.	1	3 50
Pichard.	Nouveau code de l'instruction primaire.	Hachette (1887).	In-12.	1	5 00
Rendu (E.).	De l'état de l'instruction primaire à Londres dans ses rapports avec l'état social.	Hachette	In-8°.	1	Épuisé.
Rendu (E.).	De l'éducation populaire dans l'Allemagne du Nord et de ses rapports avec les doctrines philosophiques et religieuses.	Hachette	In-8°.	1	Épuisé.
Resbecq (E. de).	Code de l'enseignement primaire. Lois, décrets et arrêtés, mis en ordre et annotés, suivis d'une table analytique des matières.	Belin (1887)	In-12.	1	3 50
Saint-Marc-Girardin.	De l'instruction intermédiaire et de ses rapports avec l'instruction secondaire. — 1re partie (Il n'y a pas eu de 2e partie.)	Delalain (1847).	In-8°.	1	1 50
Schmit (Henri).	L'organisation de l'enseignement primaire, commentaire de la loi du 30 octobre 1886 suivi de la législation en vigueur.	Berger-Levrault. (1887).	In-12.	1	4 00

NOMS DES AUTEURS.	TITRES DES OUVRAGES.	ÉDITEUR ET DATE DE L'ÉDITION.	FORMAT.	NOMBRE DE VOLUMES.	PRIX DE L'EXEMPLAIRE.
					fr. c.
Sée (Camille)....	La loi Camille Sée. Documents, rapports et discours relatifs à la loi sur l'enseignement secondaire des jeunes filles; préface par M. Louis Bauzon.	Hetzel (1881)...	In-12.	1	3 50
Subercaze......	L'École; législation relative à la construction et à l'appropriation des bâtiments scolaires.	Delalain (1880)..	In-12.	1	1 00
Talleyrand......	Rapport sur l'instruction publique, fait à l'Assemblée nationale, au nom du Comité de constitution.	Baudoin........	In-4°.	1	Épuisé.
Trabuc (Jules)...	Guide pédagogique et administratif pour les fonctions d'instituteur à l'usage des aspirants au certificat d'aptitude pédagogique et des instituteurs.	Delalain (1887)..	In-12°	1	3 00
Vaillant (A.)....	Nouveau guide des aspirants et des aspirantes au certificat d'aptitude pédagogique. (3ᵉ édition.)	Paul Delaplane.... (1888).	In-8°.	1	2 00
Villemot (Antoine)	Étude sur l'organisation, le fonctionnement et les progrès de l'enseignement secondaire des jeunes filles en France, de 1879 à 1887 (2ᵉ édition).	P. Dupont...... (1887).	In-8°.	1	3 50
Divers..........	Circulaires et Instructions relatives à l'instruction publique (1831 à 1882). Collection publiée sous les auspices du Ministre de l'instruction publique.	Delalain........	In-8°.	8	72 00

NOMS DES AUTEURS.	TITRES DES OUVRAGES.	ÉDITEUR ET DATE DE L'ÉDITION.	FORMAT.	NOMBRE DE VOLUMES.	PRIX DE L'EXEMPLAIRE.
		En vente chez :			fr. c.
	IV. **MÉMOIRES** **ET DOCUMENTS SCOLAIRES** PUBLIÉS PAR LE MUSÉE PÉDAGOGIQUE. N. B. *Tous les fascicules publiés sans nom d'auteur sont des recueils de documents administratifs ou pédagogiques réunis par les soins de l'administration centrale (2e, 5e et 6e bureaux de la direction de l'enseignement primaire.)*				
	Fascicule n° 1.				
. . . .	Le projet de loi sur l'organisation de l'enseignement primaire (1882-1884), recueil de documents parlementaires relatifs à la discussion de cette loi à la Chambre des députés.	Delagrave, Delalain, Hachette, Picard (Alphonse.)	In-8°.	1	6 00
	Fascicule n° 2.				
Massebieau (L.)..	Une acquisition de la bibliothèque du Musée pédagogique : *Dialogus Jacobi Fabri Stapulensis in phisicam introductionem. Introductio in phisicam Aristotelis;* in-4° imprimé en 1510 par Jean Haller, à Cracovie. Étude bibliographique et pédagogique.	Delagrave, Delalain, Hachette, Picard (Alphonse).	In-8°.	1	0 50
	Fascicule n° 3.				
. . . .	Répertoire des ouvrages pédagogiques du xvie siècle (*Bibliothèques de Paris et des départements*).	Delagrave, Delalain, Hachette, Picard (Alphonse).	In-8°.	1	6 00
	Fascicule n° 4.				
Leblanc (René)..	L'enseignement expérimental des sciences à l'École normale et à l'école primaire.	Delagrave, Delalain, Hachette, Picard (Alphonse).	In-8°.	1	0 80
	Fascicule n° 5.				
. . . .	Compte rendu officiel du Congrès international d'instituteurs et d'institutrices, tenu au Havre du 6 au 10 septembre 1885.	Delagrave, Delalain, Hachette, Picard (Alphonse).	In-8°.	1	2 00
	Fascicule n° 6.				
. . . .	Règlements et programmes d'études des écoles normales d'instituteurs et d'institutrices.	Delagrave, Delalain, Hachette, Picard (Alphonse).	In-8°.	1	1 25

NOMS DES AUTEURS.	TITRES DES OUVRAGES.	ÉDITEUR ET DATE DE L'ÉDITION.	FORMAT.	NOMBRE DE VOLUMES.	PRIX DE L'EXEMPLAIRE.
		En vente chez :			fr. c.
	Fascicule n° 7.				
Massebieau (L.)..	Schola aquitanica : *Programme d'études du collège de Guyenne au xvi* siècle*, réimprimé avec une préface, une traduction française et des notes.	Delagrave, Delalain, Hachette, Picard (Alphonse).	In-8°.	1	1 80
	Fascicule n° 8.				
. . . .	Instruction spéciale sur l'enseignement du travail manuel dans les écoles normales d'instituteurs et les écoles primaires élémentaires et supérieures.	Delagrave, Delalain, Hachette, Picard (Alphonse).	In-8°.	1	0 70
	Fascicule n° 9.				
Société des Écoles enfantines.	Projet d'instruction pour l'installation d'écoles enfantines modèles.	Delagrave, Delalain, Hachette, Picard (Alphonse).	In-4°.	1	0 50
	Fascicule n° 10.				
. . . .	Le projet de loi sur l'organisation de l'enseignement primaire (1886), recueil de documents parlementaires relatifs à la discussion de cette loi au Sénat (*1re délibération*).	Delagrave, Delalain, Hachette, Picard (Alphonse).	In-8°.	1	3 00
	Fascicule n° 11.				
. . . .	Le projet de loi sur l'organisation de l'enseignement primaire (1886), recueil de documents parlementaires relatifs à la discussion de cette loi au Sénat (*2e délibération*).	Delagrave, Delalain, Hachette, Picard (Alphonse).	In-8°.	1	2 00
	Fascicule n° 12.				
Lyon (Georges)..	La philosophie et l'éducation ; Descartes et le xviii° siècle.	Delagrave, Delalain, Hachette, Picard (Alphonse).	In-8°.	1	0 80
	Fascicule n° 13.				
Guillaume (Edmond).	Conférence sur l'histoire de l'art et de l'ornement.	Delagrave, Delalain, Hachette, Picard (Alphonse).	In-8°.	1	3 00
	Fascicule n° 14.				
Salicis et Jost. . . .	De l'enseignement manuel et professionnel en Allemagne et dans les pays du Nord.	Delagrave, Delalain, Hachette, Picard (Alphonse).	In-8°.	1	1 00
	Fascicule n° 15.				
MM. Bréal, Jost, Bonet-Maury.	Les boursiers de l'enseignement primaire à l'étranger.	Delagrave, Delalain, Hachette, Picard (Alphonse).	In-8°.	1	0 50
	Fascicule n° 16.				
. . . .	Écoles d'enseignement primaire supérieur. Historique et législation.	Delagrave, Delalain, Hachette, Picard (Alphonse).	In-8°.	1	0 50
	Fascicule n° 17.				
Buisson (Benj.)..	L'instruction publique à l'Exposition universelle de la Nouvelle-Orléans.	Delagrave, Delalain, Hachette, Picard (Alphonse).	In-8°.	1	3 00

NOMS DES AUTEURS.	TITRES DES OUVRAGES.	ÉDITEUR ET DATE DE L'ÉDITION.	FORMAT.	NOMBRE DE VOLUMES.	PRIX DE L'EXEMPLAIRE.
		En vente chez :			fr. c.
	Fascicule n° 18.				
. . . .	Le projet de loi sur l'organisation de l'enseignement primaire (1886), recueil de documents parlementaires relatifs à la discussion de cette loi à la Chambre des députés.	Delagrave, Delalain, Hachette, Picard (Alphonse).	In-8°.	1	1 75
	Fascicule n° 19.				
Bion (W.)	Les colonies de vacances. Mémoire historique et statistique. Préface de F. Sarcey.	Delagrave, Delalain, Hachette, Picard (Alphonse).	In-8°.	1	0 80
	Fascicule n° 20.				
. . . .	Règlements organiques de l'enseignement primaire. Session de décembre 1886-janvier 1887 du Conseil supérieur de l'instruction publique.	Delagrave, Delalain, Hachette, Picard (Alphonse).	In-8°.	1	2 00
	Fascicule n° 21.				
Commission des bibliothèques scolaires.	Bibliothèques scolaires. Catalogue d'ouvrages de lecture.	Delagrave, Delalain, Hachette, Picard (Alphonse)	In-8°.	1	0 75
	Fascicule n° 22.				
Commission des bibliothèques pédagogiques.	Catalogue des bibliothèques pédagogiques.	Delagrave, Delalain, Hachette, Picard (Alphonse).	In-8°.	1	0 50
	Fascicule n° 23.				
Wissemans et Tarsot.	Catalogue des lectures récréatives pour les veillées de l'école et de la famille. (En préparation.)	Delagrave, Delalain, Hachette, Picard (Alphonse).	. . . .	. . . . .	"
	Fascicule n° 24.				
Administration du musée pédagogique.	Catalogue des périodiques scolaires de tous les pays. (En préparation.)	Delagrave, Delalain, Hachette, Picard (Alphonse).	. . . .	. . . . .	"
	Fascicule n° 25.				
Wissemans	Résumé du répertoire des ouvrages pédagogiques du xvie siècle.	Delagrave, Delalain, Hachette, Picard (Alphonse).	In-8°	1	1 50
	Fascicule n° 26.				
Passy (Paul)	Le phonétisme au congrès philologique de Stockholm (1886).	Delagrave, Delalain, Hachette, Picard (Alphonse).	In-8°.	1	0 80
	Fascicule n° 27.				
. . . .	Décret déterminant les règles de la création et de l'installation des écoles primaires publiques, avec un commentaire par M. le Président Collet.	Delagrave, Delalain, Hachette, Picard (Alphonse).	In-8°.	1	1 00
	Fascicule n° 28.				
Hérisson	Pestalozzi, élève de Jean-Jacques Rousseau.	Delagrave, Delalain, Hachette, Picard (Alphonse).	In-8°.	1	3 50

NOMS DES AUTEURS.	TITRES DES OUVRAGES.	ÉDITEUR ET DATE DE L'ÉDITION.	FORMAT.	NOMBRE DE VOLUMES.	PRIX DE L'EXEMPLAIRE.
		En vente chez :			fr. c.
	Fascicule n° 29.				
Berger..........	Le certificat d'aptitude pédagogique.	Delagrave, Delalain, Hachette, Picard (Alphonse).	In-8°.	1	1 00
	Fascicule n° 30.				
....	Le certificat d'études primaires supérieures.	Delagrave, Delalain, Hachette, Picard (Alphonse).	In-8°.	1	0 50
	Fascicule n° 31.				
Administration du musée pédagogique.	La bibliothèque circulante du Musée pédagogique.	Delagrave, Delalain, Hachette, Picard (Alphonse).	In-8°.	1	0 50
	Fascicule n° 32.				
....	Catalogue des bibliothèques des écoles normales.	Delagrave. Delalain, Hachette. Picard (Aphonse).	In-8°.	1	0 50
	Fascicule n° 33.				
Pécaut (Félix)...	Deux ministres pédagogues, M. Guizot et M. Ferry. Lettres adressées aux instituteurs par le Ministre de l'instruction publique en 1833 et en 1883 avec une introduction.	Delagrave, Delalain, Hachette, Picard (Alphonse).	In-8°.	1	0 75
	Fascicule n° 34.				
Sabatié.........	L'enseignement de l'agriculture..........	Delagrave, Delalain, Hachette, Picard (Alphonse).	In-8°.	1	2 00
	Fascicule n° 35.				
Keller..........	Instruction spéciale sur l'enseignement du dessin.	Delagrave, Delalain, Hachette, Picard (Alphonse).	In-8°.	1	1 00
	Fascicule n° 36.				
....	Bourses de l'enseignement primaire supérieur.	Delagrave, Delalain, Hachette, Picard (Alphonse).	In-8°.	1	0 75
	Fascicule n° 37.				
....	Résumé des états de situation de l'enseignement primaire pour l'année scolaire 1885-1886.	Delagrave, Delalain, Hachette, Picard (Alphonse).	In-8°.	1	0 50
	Fascicule n° 38.				
....	L'exposition scolaire de 1889..............	Delagrave, Delalain. Hachette. Picard (Alphonse).	In-8°.	1	0 75
	Fascicule n° 39.				
Gaufrès.........	Extraits d'Horace Mann, avec notice........	Delagrave, Delalain. Hachette, Picard (Alphonse).	In-8°.	1	2 00
	Fascicule n° 40.				
....	Décrets, arrêtés, circulaires et décisions ministérielles pour l'application de la loi du 30 octobre 1886 et des règlements organiques du 18 janvier 1887.	Delagrave, Delalain, Hachette, Picard (Alphonse).	In-8°.	1	2 00

NOMS DES AUTEURS.	TITRES DES OUVRAGES.	ÉDITEUR ET DATE DE L'ÉDITION.	FORMAT.	NOMBRE DE VOLUMES.	PRIX DE L'EXEMPLAIRE.
		En vente chez :			fr. c.
	Fascicule n° 41.				
. . . .	Lois et règlements scolaires de l'Algérie. . . .	Delagrave, Delalain, Hachette, Picard (Alphonse).	In-8°.	1	2 00
	Fascicule n° 42.				
Mlle S. R	Les auteurs du brevet supérieur. (Sous presse.)	Delagrave, Delalain, Hachette, Picard (Alphonse).	. . . .	. . . . . .	"
	Fascicule n° 43.				
Marie-Cardine. . . .	Le cahier de devoirs mensuels.	Delagrave, Delalain, Hachette, Picard (Alphonse).	In-8°.	1	1 75
	Fascicule n° 44.				
Bréal (Michel). . .	L'histoire des mots.	Delagrave, Delalain. Hachette, Picard (Alphonse).	In-8°.	1	0 75
	Fascicule n° 45.				
Littré	Comment les mots changent de sens, avec préface de Michel Bréal.	Delagrave, Delalain, Hachette, Picard (Alphonse).	In-8°.	1	1 00
	Fascicule n° 46.				
. . . .	Écoles manuelles d'apprentissage et écoles professionnelles.	Delagrave, Delalain, Hachette, Picard (Alphonse).	In-8°.	1	2 00
	Fascicule n° 47.				
. . . .	Texte de compositions des examens et concours de l'enseignement primaire en 1887. (Certificats d'aptitude au professorat des écoles normales, admission, certificat d'études primaires supérieures, bourses de séjour à l'étranger, économat.)	Delagrave, Delalain, Hachette, Picard, (Alphonse).	In-8°.	1	1 00
	Fascicule n° 48.				
. . . .	Titres et brevets de capacité : Règlements en vigueur et modifications proposées.	Delagrave, Delalain, Hachette, Picard (Alphonse).	In-8°.	1	1 00
	Fascicule n° 49.				
. . . .	L'enseignement de la gymnastique dans les établissements d'enseignement primaire.	Delagrave, Delalain, Hachette, Picard (Alphonse).	In-8°.	1	1 00
	Fascicule n° 50.				
. . . .	Projet de loi sur les dépenses ordinaires de l'enseignement primaire et les traitements du personnel de ce service.	Delagrave, Delalain, Hachette, Picard (Alphonse).	In-8°.	1	2 50

NOMS DES AUTEURS.	TITRES DES OUVRAGES.	ÉDITEUR ET DATE DE L'ÉDITION.	FORMAT.	NOMBRE DE VOLUMES.	PRIX DE L'EXEMPLAIRE.
		En vente chez :			fr. c.
	Fascicule n° 51. Projet de loi sur les dépenses ordinaires de l'instruction primaire publique et les traitements du personnel de ce service (1887). Recueil de documents parlementaires relatifs à la discussion de cette loi à la Chambre des députés.	Delagrave, Delalain, Hachette, Picard (Alphonse).	In-8°.	1	0 75
	Fascicule n° 52. Projet de loi sur les dépenses de l'instruction primaire et sur les traitements du personnel de ce service. Recueil de documents parlementaires relatifs à la discussion de cette loi au Sénat. (Pour paraître ultérieurement.)	Delagrave, Delalain, Hachette, Picard (Alphonse).			"
	Fascicule n° 53. Recueil des textes donnés aux examens des brevets de capacité (Brevets élémentaire et supérieur). Session de juillet 1887.	Delagrave, Delalain, Hachette, Picard (Alphonse).	In-8°.	1	7 00
	Fascicule n° 54. Recueil des textes donnés aux examens des brevets de capacité (Brevets élémentaire et supérieur). Session d'octobre 1887.	Delagrave, Delalain, Hachette, Picard (Alphonse).	In-8°.	1	7 00
	Fascicule n° 55. Recueil des textes de compositions donnés aux concours de 1887. (Bourses d'enseignement primaire supérieur. Écoles normales.)	Delagrave, Delalain, Hachette, Picard (Alphonse).	In-8°.	1	7 00
Brisson (H.), J. Ferry, R. Goblet et E. Spuller	**Fascicule n° 56.** Les trois écoles nationales professionnelles (Vierzon, Voiron, Armentières). Discours d'inauguration.	Delagrave, Delalain, Hachette, Picard (Alphonse).	In-8°.	1	0 75
E. Spuller, Fréd. Passy, etc.	**Fascicule n° 57.** Discours prononcés au banquet de l'association des anciens élèves de l'école normale de la Seine.	Delagrave, Delalain, Hachette, Picard (Alphonse).	In-8°.	1	0 75
	Fascicule n° 58. Les écoles normales supérieures d'enseignement de Saint-Cloud et de Fontenay-aux-Roses. (En préparation.)	Delagrave, Delalain. Hachette, Picard (Alphonse).			"
Buisson (F.)	**Fascicule n° 59.** Conférences et causeries pédagogiques	Delagrave, Delalain, Hachette, Picard (Alphonse).	In-8°.	1	0 80

NOMS DES AUTEURS.	TITRES DES OUVRAGES.	ÉDITEUR ET DATE DE L'ÉDITION.	FORMAT.	NOMBRE DE VOLUMES.	PRIX DE L'EXEMPLAIRE.
		En vente chez :			fr. c.
	Fascicule n° 60. Question du surmenage et revision des programmes, rapports et procès-verbaux de la Commission (1887-1888.)	Delagrave, Delalain, Hachette, Picard (Alphonse).	In-8°.	1	1 60
	Fascicule n° 61. Comptabilité des Écoles normales. (Guide légal et administratif des Économes.)	Delagrave, Delalain, Hachette, Picard (Alphonse).	In-8°.	1	1 75
Buisson (F.)	**Fascicule n° 62.** Les classes enfantines. Documents législatifs et administratifs avec une introduction.	Delagrave, Delalain, Hachette, Picard (Alphonse).	In-8°.	1	0 75
. . . .	**Fascicule n° 63.** Discours de réception de M. Gréard à l'Académie française.	Delagrave, Delalain, Hachette, Picard (Alphonse).	In-8°.	1	0 75
Muller (Eugène).	**Fascicule n° 64.** Questions historiques. (Sous presse.)	Delagrave, Delalain, Hachette, Picard (Alphonse).	. . . .		"
. . . .	**Fascicule n° 65.** Statistique de l'enseignement primaire supérieur (écoles et élèves) au 31 décembre 1887.	Delagrave, Delalain, Hachette, Picard (Alphonse).	In-8°.	1	1 25
. . . .	**Fascicule n° 66.** Livres scolaires en usage dans les écoles primaires publiques. (Sous presse.)	Delagrave, Delalain, Hachette, Picard (Alphonse).	. . . .		"
. . . .	**Fascicule n° 67.** Discours de M. le Dr Blatin sur l'éducation physique.	Delagrave, Delalain, Hachette, Picard (Alphonse).	In-8°.	1	0 20
. . . .	**Fascicule n° 68.** Exposition de Melbourne	Delagrave, Delalain, Hachette, Picard (Alphonse).	In-8°.	1	1 75
. . . .	**Fascicule n° 69.** Rapport sur la marche du musée pédagogique en 1887.	Delagrave, Delalain, Hachette, Picard (Alphonse).	In-8°.	1	0 75
. . . .	**Fascicule n° 70.** Classement général des écoles primaires publiques en 1888 et 1889. Écoles obligatoires et écoles facultatives. Emplois à créer, emplois à supprimer. Règlements. Statistique.	Delagrave, Delalain, Hachette, Picard (Alphonse).	In-8°.	1	1 25

NOMS DES AUTEURS.	TITRES DES OUVRAGES.	ÉDITEUR ET DATE DE L'ÉDITION.	FORMAT.	NOMBRE DE VOLUMES.	PRIX DE L'EXEMPLAIRE.
		En vente chez :			fr. c.
	Fascicule n° 71.				
Guillaume (J.)...	Notes sur l'instruction publique de 1789 à 1808 et catalogue des documents du Musée pédagogique sur cette période.	Delagrave, Delalain, Hachette, Picard (Alphonse).	In-8°.	1	0 80
	Fascicule n° 72.				
Cottinet.........	L'œuvre des colonies de vacances à Paris, en 1887.	Delagrave, Delalain, Hachette, Picard (Alphonse).	In-8°.	1	0 75
	Fascicule n° 73.				
Darmesteter (A.).	La question de la réforme orthographique..	Delagrave, Delalain, Hachette, Picard (Alphonse).	In-8°.	1	0 50
	Fascicule n° 74.				
....	Programmes généraux des écoles manuelles d'apprentissage.	Delagrave, Delalain, Hachette, Picard (Alphonse).	In-8°.	1	0 50
	Fascicule n° 75.				
....	Résumé des états de situation de l'enseignement primaire pour l'année scolaire 1886-1887. (En préparation.)	Delagrave, Delalain, Hachette, Picard (Alphonse).	......	.....	.....
Publiée sous la direction de M. H. Cocheris.	Revue pédagogique. Années 1878-1882	Ch. Delagrave....	In-18.	9	54 00
Publiée par le Musée pédagogique.	Revue pédagogique. Années 1882-1887. Chaque année, par abonnement	Ch. Delagrave...	In-8°.	2	12 00

LISTES DES AUTEURS

ET DES ÉDITEURS.

LISTE DES NOMS D'AUTEURS

FIGURANT

AU CATALOGUE DES BIBLIOTHÈQUES PÉDAGOGIQUES.

LISTE DES NOMS D'AUTEURS.

V

W

LISTE DES ÉDITEURS

FIGURANT

AU CATALOGUE DES BIBLIOTHÈQUES PÉDAGOGIQUES.

A

Alcan (Félix), boulevard Saint-Germain,
n° 108.

B

Baudouin et Cⁱᵉ, rue et passage Dauphine,
n° 30.
Belin (E.), rue de Vaugirard, n° 52.
Berger-Levrault, rue des Beaux-Arts,
n° 5.
Buisson et Goetz, rue de Nesle, n° 9.

C

Carré (Georges), rue Saint-André-des-
Arts, n° 58.
Cerf (Léopold), rue de Médicis, n° 13.
Chaix, rue Bergère, n° 20.
Charpentier, rue de Grenelle, n° 13.
Colin (Armand), rue de Mézières, n° 5.

D

Delagrave (Charles), rue Soufflot. n° 15.
Delalain frères, rue des Écoles, n° 56.
Delaplane (Paul), rue Monsieur-le-Prince,
n° 48.
Didier (Perrin, successeur).
Donniol (Gervais, successeur).
Dupont (Paul), rue du Bouloi, n° 24.
Duval, rue de l'Échiquier, n° 17.

F

Fischbacher, rue de Seine, n° 33.

G

Garnier, rue des Saints-Pères, n° 6.
Germer-Baillière (Alcan Félix, succes-
seur).
Gervais, rue de Tournon, n° 29.
Grandmont-Donders, à Liège.

H

Hachette et Cⁱᵉ, boulevard Saint-Germain,
n° 79.
Hetzel, rue Jacob, n° 18.

J

Jeandé, rue Cassette, n° 16.
Jouaust, rue de Lille, n° 7.

K

Kuhff, boulevard des Batignolles, n° 17.

L

Larousse (Vᵉ P.), rue Saint-André-des-
Arts, n° 49.
Laurens (H.), rue de Tournon, n° 6.
Lecène et Oudin, rue Bonaparte, n° 17.

M

Maginel (Didot), rue Jacob. n° 56.
Masson, boulevard Saint-Germain, n° 120.
Maurice (Georges), rue du Cherche-
Midi, n° 4 *bis*.
Mourgues (Ch. de), rue J.-J.-Rousseau,
n° 58. (Imprimeries réunies.)
Musée pédagogique, rue Gay-Lussac,
n° 41.

N

Nathan (Fernand), rue de Condé, n° 18.

P

Perrin (Émile), quai des Grands-Augustins, n° 35.
Picard (Alphonse), rue Bonaparte, n° 82.
Picard-Bernheim (Picard et Kaan, successeurs).
Picard et Kaan, rue Soufflot, n° 11.

R

Renouard (Laurens, successeur).

W

Weill (Eug.) et Maurice (Georges) (Georges Maurice, successeur).

Fasc. n° 48. — **Titres et brevets de capacité :** Règlements en vigueur et modifications proposées. Une brochure de 74 pages. Prix.. **1 fr.**

Fasc. n° 49. — **L'enseignement de la gymnastique dans les établissements d'enseignement primaire.** Une brochure in-8° de 84 pages. Prix.. **1 fr.**

Fasc. n° 50. — **Projet de loi sur les dépenses ordinaires de l'enseignement primaire et les traitements du personnel de ce service :** Textes du projet du Gouvernement et du projet de la Commission. Un volume in-8° de 270 pages. Prix.. **2ᶠ 50ᶜ.**

Fasc. n° 51. — **Projet de loi sur les dépenses ordinaires de l'enseignement primaire et sur les traitements du personnel de ce service.** Recueil de documents parlementaires relatifs à la discussion de cette loi à la Chambre des députés. Une brochure in-8° de 175 pages. Prix...................... **75 c.**

Fasc. n° 52. — **Projet de loi sur les dépenses de l'instruction primaire et sur les traitements du personnel de ce service.** Recueil de documents parlementaires relatifs à la discussion de cette loi au Sénat. (Pour paraître ultérieurement.)

Fasc. n° 53. — **Recueil des textes de compositions donnés aux examens des brevets de capacité.** (Brevets élémentaire et supérieur. — Session de juillet 1887.) Un volume in-8°. Prix........ **7 fr.**

Fasc. n° 54. — **Recueil des textes de compositions donnés aux examens des brevets de capacité.** (Brevets élémentaire et supérieur. — Session de novembre 1887.) Un volume in-8°. Prix..... **7 fr.**

Fasc. n° 55. — **Recueil des textes de compositions donnés aux concours de 1887.** (Écoles normales. — Bourses d'enseignement primaire supérieur.) Un volume in-8°. Prix................... **7 fr.**

Fasc. n° 56. — **Les trois écoles nationales professionnelles.** (Vierzon, Voiron, Armentières.) Prix.. **75 c.**

Fasc. n° 57. — **Discours prononcé au banquet de l'association des anciens élèves de l'école normale de la Seine.** Une brochure in-8°. Prix... **75 c.**

Fasc. n° 58. — **Les écoles normales supérieures d'enseignement primaire de Saint-Cloud et de Fontenay.** (Sous presse.)

Fasc. n° 59. — **Conférences et causeries pédagogiques**, par F. Buisson. Un volume in-8° de 186 pages. Prix.. **80 c.**

Fasc. n° 60. — **Revision des programmes de l'enseignement primaire.** Un volume in-8° de 152 pages. Prix.. **1ᶠ 60ᶜ.**

Fasc. n° 61. — **Comptabilité des écoles normales.** (Guide légal et administratif des économes.) Une brochure in-8° de 138 pages. Prix... **1ᶠ 75ᶜ.**

Fasc. n° 62. — **Les classes enfantines.** Documents législatifs et administratifs, avec introduction, par F. Buisson. Une brochure in-8° de 113 pages. Prix...................................... **75 c.**

Fasc. n° 63. — **Discours de réception de M. Gréard à l'Académie française.** Une brochure in-8°. Prix... **75 c.**

Fasc. n° 64. — **Questions historiques,** par Eugène Muller. (Sous presse.)

Fasc. n° 65. — **Statistique de l'enseignement primaire supérieur** (écoles et élèves) au 31 décembre 1887. Un volume in-8°. Prix... **1ᶠ 25ᶜ**

Fasc. n° 66. — **Livres scolaires en usage dans les écoles primaires publiques.** (Sous presse.)

Fasc. n° 67. — **Discours sur l'éducation physique,** prononcé par M. le docteur Blatin, à la Chambre des députés. Une brochure in-8°. Prix... **20 c.**

Fasc. n° 68. — **Exposition internationale de Melbourne.** Un volume in-8° de 162 pages. Prix. **1ᶠ 75ᶜ**

Fasc. n° 69. — **Rapports sur la marche du Musée pédagogique en 1887.** (Mars 1888.) Un volume in-8° de 39 pages. Prix.. **75 c.**

Fasc. n° 70. — **Classement général des écoles primaires publiques en 1888-1889.** Prix...... **1ᶠ 25ᶜ**

Fasc. n° 71. — **Note sur l'instruction publique de 1789 à 1808**, suivie du catalogue des documents originaux existant au Musée pédagogique et relatifs à l'histoire de l'instruction publique en France durant cette période. Prix... **80 c.**

Fasc. n° 72. — **L'œuvre des colonies de vacances à Paris en 1887.** Rapport de M. Cottinet. Un volume in-8° de 35 pages. Prix.. **75 c.**

Fasc. n° 73. — **La question de la réforme orthographique,** par A. Darmesteter. Un volume in-8° de 24 pages. Prix... **50 c.**

Fasc. n° 74. — **Programmes généraux des écoles manuelles d'apprentissage.** Un volume in-8° de 24 pages. Prix... **0ᶠ 50ᶜ**

Fasc. n° 75. — **Résumé des états de situation de l'enseignement primaire pour l'année scolaire 1886-1887.** En préparation.)

9 782329 673578